Le p… au

Texte : Christian Lamblin
Illustrations : Corinne Bongrand

Deux niveaux de lecture

Lire des phrases [›] : enfant lecteur

Lire un texte : lecteur confirmé ou adulte

Nathan

Cette histoire commence à la campagne, au bord d'une jolie petite mare.

I
La flûte et le vagabond

Cette histoire commence à la campagne, au bord d'une jolie petite mare. De nombreux animaux y habitent : des libellules, des moustiques, des canards et même des crapauds et quelques serpents.

Tous ces animaux vivent très heureux jusqu'au jour où les hommes décident de construire des maisons… juste à cet endroit !

La mare va donc disparaître, et tous les animaux avec elle !

Aujourd'hui, les animaux sont tristes : le temps est gris et un vent glacial souffle sur la campagne. Soudain, un léger sifflement monte dans l'air.

C'est le vent qui fait vibrer un petit roseau.

– Tiens, je fais de la musique ! se dit le jeune roseau.

Un énorme crapaud saute sur un nénuphar et commence à danser.

Une libellule le rejoint, puis des canards !

– Oubliez vos soucis ! crie le crapaud. Venez tous danser avec nous sur la musique du petit roseau !

C'est alors qu'un vagabond passe par là. Il est très étonné. Des crapauds qui dansent avec des canards, il n'a jamais vu ça ! Puis il comprend que c'est le petit roseau qui siffle.

– Ce roseau fera une très bonne flûte ! pense le bonhomme.

– Ce roseau fera une très bonne flûte !

Le vagabond arrache le roseau et le taille avec son couteau. Ensuite, il souffle dedans. Au début, on n'entend qu'un petit sifflement, puis le sifflement se transforme en une douce mélodie.

Les animaux de la mare sont très surpris. Mais tout en jouant, le vagabond s'en va en emportant sa nouvelle flûte et sa jolie musique...

– *Écartez-vous ! crie l'homme. C'est le défilé du carnaval !*

II
Le défilé du carnaval

Le vagabond entre dans une petite ville. Les rues sont décorées de lampions multicolores. Le vagabond s'assied par terre et commence à jouer de sa flûte.

Le petit roseau s'applique, et il sort ses plus belles notes. Les passants sont stupéfaits ! Ils s'arrêtent pour écouter la musique légère et joyeuse qui emplit la rue. Au bout de quelques minutes, plusieurs dizaines de personnes se sont rassemblées devant le vagabond musicien.

Un homme étrange apparaît alors. Il est vêtu d'un costume blanc. Il porte un masque avec un long nez et il a une bosse énorme dans le dos.

– Écartez-vous ! crie l'homme. C'est le défilé du carnaval !

Une troupe gesticulante d'hommes, de femmes et d'enfants arrive. Tous sont déguisés et jouent de la musique. Il y a des tambourins, des flûtes, des guitares, des trompettes !

L'homme étrange s'approche du vagabond.

– Vous êtes bon musicien, dit-il. Venez jouer avec nous !

Le vagabond joue pendant plusieurs heures au milieu du défilé. Puis le soir tombe et le vagabond a très faim. Mais il se rend compte qu'il n'a pas d'argent.

Une jeune dame s'approche alors de lui.

– Tout à l'heure, vous nous avez régalés avec votre musique, dit-elle. Maintenant, c'est à nous de vous régaler. Venez donc dîner à la maison.

– Vous avez bon cœur, répond le vagabond. Pour vous remercier, je vais vous donner ce que j'ai de plus précieux… Tenez, je vous donne ma flûte !

La dame veut refuser, mais le vagabond insiste.

Et c'est ainsi que ce soir-là, le jeune roseau changea de propriétaire…

– *Je vais vous donner ce que j'ai de plus précieux…*
Tenez, je vous donne ma flûte !

La dame joue souvent de la flûte.
Elle aime une musique qui donne envie de rêver.

III
Le concert

La dame joue souvent de la flûte. Mais le petit roseau n'est pas content. La dame n'aime pas la musique pour danser, elle aime une musique qui donne envie de rêver.

– Je veux jouer une musique plus entraînante ! dit le petit roseau. Je veux voir des femmes, des hommes et des enfants tournoyer en riant autour de moi !

Mais la dame ne l'écoute pas et le petit roseau est triste. Il pense à ses amis de la mare qui dansent sur les nénuphars…

Un soir, la dame place la flûte dans un étui garni de velours rouge. Le petit roseau comprend qu'il s'en va, mais il ne sait pas où !

Lorsque l'étui s'ouvre, le roseau se rend compte qu'il est dans une grande salle avec des dizaines d'instruments autour de lui.

– Bonjour mes amis ! dit-il. Est-ce que nous allons jouer une musique pour danser ?

– Pour danser ? s'étonne un énorme piano.

Sûrement pas ! D'où viens-tu pour avoir des idées aussi bizarres ?

– Je viens de la mare, répond le roseau.

– De la mare ! Il vient de la mare !

Tous les instruments éclatent de rire.

Le petit roseau est déçu, on se moque de lui !

Tout à coup, le roseau voit des centaines de gens qui entrent dans la salle et viennent s'asseoir devant lui.

Soudain, c'est le silence. Le piano joue en premier.
Puis les violons le suivent. Bientôt, une musique puissante et très belle remplit toute la salle.

Le petit roseau écoute cette musique inconnue. Il la trouve magnifique ! Ce n'est pas une musique qui fait danser les corps, c'est une musique qui fait vibrer les cœurs.

– Ne m'oubliez pas ! s'écrie le roseau.
Moi aussi, je veux jouer de la musique !

Brusquement, tous les instruments se taisent.

La dame s'avance alors devant l'orchestre et elle porte lentement la flûte à ses lèvres.

Le petit roseau comprend qu'il est devenu l'instrument le plus important. Il s'applique énormément. Ses notes sont si pures et si claires que les spectateurs croient se retrouver au milieu d'une forêt peuplée de milliers d'oiseaux. Un tonnerre d'applaudissements lui répond.

Debout dans la salle, les gens crient “Bravo ! Bravo !”. Le petit roseau est très fier.

Maintenant, le concert est terminé et la dame rentre à pied chez elle. Il pleut et il fait noir. Une voiture arrive. Malheureusement, la dame ne voit pas arriver la voiture qui la renverse. Heureusement, un jeune homme passe en vélo. Il prévient les secours et la dame est emmenée à l'hôpital.

– Merci… Tu m'as sauvé la vie, dit-elle au garçon. Je vais te donner ce que j'ai de plus précieux. Je vais te donner cette flûte en roseau.

Le jeune homme veut refuser, mais la dame insiste.

Et ce soir-là, le petit roseau change une nouvelle fois de propriétaire…

– Merci… Tu m'as sauvé la vie.

Pendant que Cécile chante, Nicolas joue de la flûte.

IV
La mare est sauvée !

Maintenant, le petit roseau habite chez Nicolas. Nicolas a beaucoup d'amis, et ils aiment tous la musique ! Ils jouent surtout de la guitare électrique et de la batterie. Au début, le petit roseau a beaucoup de mal à trouver sa place dans ce groupe d'instruments. Personne ne veut l'entendre !

Et puis un jour, Nicolas écrit une chanson pour Cécile, son amie. Pendant que Cécile chante, Nicolas joue de la flûte. Un soir, Nicolas apprend une incroyable nouvelle : Cécile et lui vont participer à un concours à la télévision ! Le gagnant aura le droit d'enregistrer un disque !

Le grand soir arrive. Tous les groupes passent devant les caméras.

Ensuite, le jury se réunit pour désigner les vainqueurs du concours.

– Voici les résultats, annonce enfin un animateur.

Troisième prix : le groupe de rock. Deuxième prix : les rappeurs. Et premier prix... Cécile et Nicolas pour leur belle chanson d'amour !

Incroyable ! Cécile et Nicolas ont gagné le concours !

La semaine suivante, ils enregistrent un disque qui devient un grand succès !

On entend la chanson de Nicolas avec la musique de la petite flûte dans toute la France !

L'histoire pourrait s'arrêter là... Eh bien, non, elle continue !

– Premier prix… Cécile et Nicolas pour leur belle chanson d'amour !

Des ouvriers sont arrivés près de la petite mare. Ils vont la remplir avec du béton. Les crapauds, les libellules et les oiseaux se sont tous cachés dans les trous de la berge, sous les nénuphars ou derrière les touffes d'herbe.

À ce moment-là, dans son camion, un ouvrier allume la radio. Soudain, on entend la chanson de Cécile et Nicolas avec sa flûte !

– Écoutez ! crie le gros crapaud vert. C'est notre ami le petit roseau ! Il ne nous a pas oubliés !

Et voilà le petit peuple de la mare qui se met à danser !

Les ouvriers sont stupéfaits. Ils n'ont jamais vu ça ! Ils appellent le chef de chantier, qui appelle le ministre de la Nature, qui appelle le président de la République !

– Il ne faut pas détruire cette mare, déclare le Président. Il faut laisser les grenouilles, les libellules et les oiseaux danser s'ils en ont envie !

Les ouvriers s'en vont, et, depuis ce jour, la mare vit en paix. Et si la mare et les animaux vivent en paix, c'est bien grâce au petit roseau qui sifflait dans le vent !

Doc

Des images à découvrir

© Ph. José BAREA/Hoa-Qui Distribution

Un orchestre de rue.